# Socorro Furtado

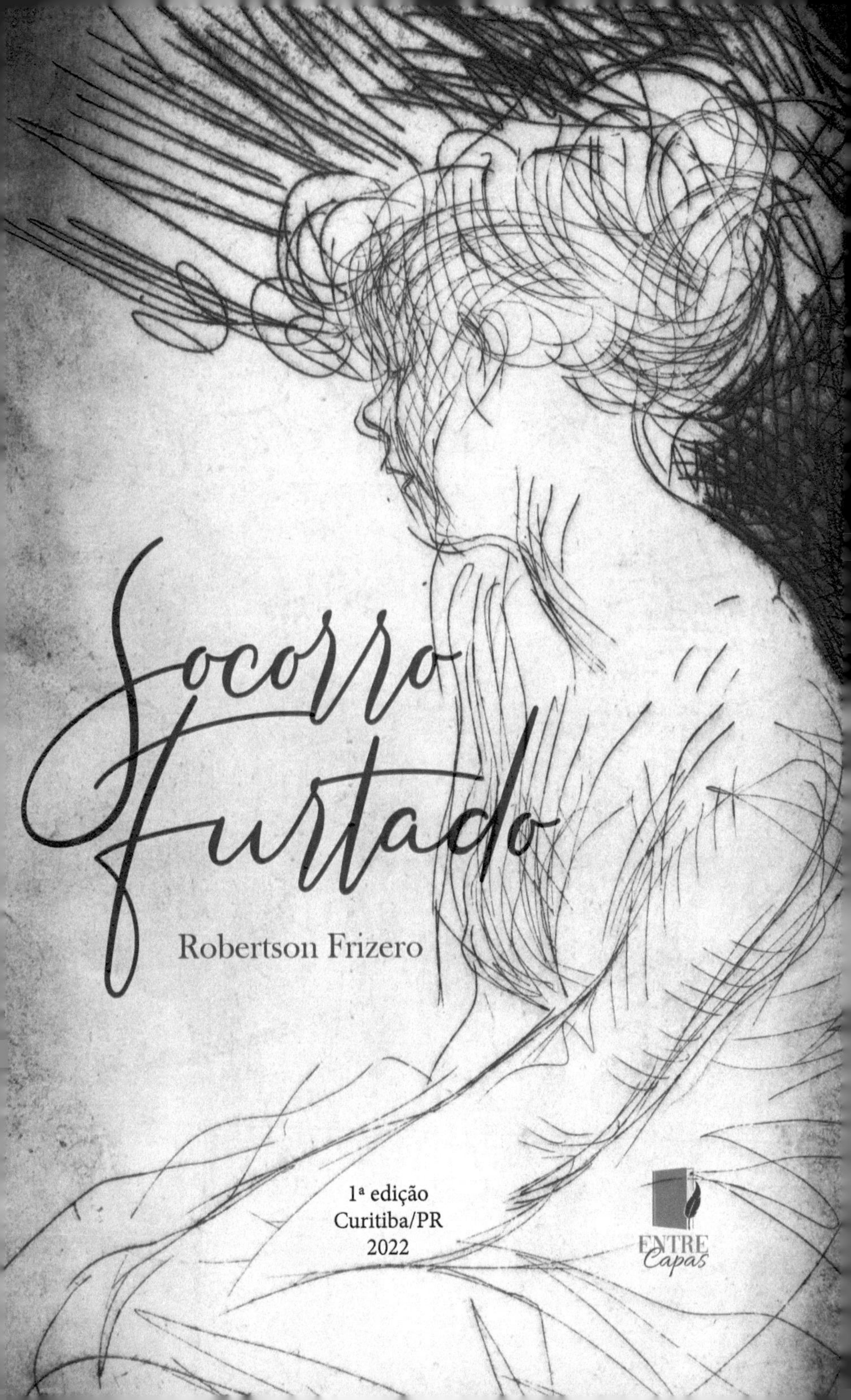

# Socorro Furtado

Robertson Frizero

1ª edição
Curitiba/PR
2022

ENTRE Capas

***Socorro Furtado***

Edição: Sandro Bier
Revisão e preparação de texto: Café do Escritor
Projeto gráfico, diagramação e capa: Cesar Oliveira
Imagem da capa: Mulher sentada de perfil [1909], Jean-Louis Forain [Imagem gentilmente cedida pela National Gallery of Art, Washington DC, EUA]

Dados Internacionais de Catalogação na Publicação (CIP)

Frizero, Robertson
Socorro Furtado / Robertson Frizero. -- Curitiba : EntreCapas, 2022.
82 p.

ISBN 978-65-991652-9-0

1. Romance brasileiro. I. Título.
CDD - B869.93

Sueli Costa - Bibliotecária - CRB-8/5213
(SC Assessoria Editorial, SP, Brasil)

Índice para catálogo sistemático:
1. Literatura brasileira : Romance B869.93



@cafedoescritor

contato@cafedoescritor.com.br
www.cafedoescritor.com.br

*"I see enormous loves growing immense and finally crushing me."*

ANAÏS NIN

Para Gustavo,
razão de ser da minha vida
e da minha escrita.

A COITADA NÃO TINHA MAIS FORÇAS. SOCORRO. TODO domingo era a mesma agonia. Meu sono leve me fazia erguer a cabeça a qualquer pequeno ruído. O despertar do dia do Senhor tornou-se um sofrimento anunciado e, naquele dia, não seria diferente. Socorro. Ela devia acordar muito cedo, ou talvez nem dormisse, esperando pela manhã de folga. Era o dia em que ela gozava de algum descanso, eu imaginava, ou talvez o único momento da semana com umas poucas horas somente suas, sem a desagradável cobrança de patrões e clientes. Só isso podia explicar aquele rito dominical sempre a despertar-me e a destruir minha manhã de ócio absoluto.

Ainda assim, muito tempo depois da tragédia na escada, eu sentiria falta daqueles seus suaves barulhos.

Socorro. Era sempre a mesma coisa, a infeliz. Eu ouvia a cama dela ranger, os tamancos arrastando no chão e o irritante som da vassoura que parecia acariciar o piso do pequeno quarto. De tão leve que ela trazia aquela áspera piaçava pelo cimento pintado, talvez na ilusão de assim não incomodar ninguém, ela conseguia me enervar de um modo absoluto. Mas, coitada, de tão pobre e sem atrativos, Socorro me enchia de pena e eu aturava a tortura de todos os domingos sem reclamar. No fundo, eu temia que Dona Amparo despejasse a moça assim que eu fizesse caso por causa do sono perdido. E, eu sabia disso, ela não teria para onde ir se a dona da pensão resolvesse expulsá-la por conta de minhas manhãs de domingo mal dormidas. Eu era o melhor pagador; por isso, tinha as melhores acomodações do sobrado – em verdade, o antigo quarto de Dona Amparo, como eu vim a descobrir depois de sua violenta partida. A velha avarenta cedeu-me os aposentos e foi viver na edícula dos fundos da casa diante da possibilidade de me cobrar, pela habitação ampla, o equivalente a três meses de aluguel de outros moradores da pensão, os que viviam na clausura dos quartos menores, na mesma simplicidade de Socorro.

Ah, Socorro. Um rosto sem grandes atrativos, mas uns olhinhos miúdos que me faziam imaginar o quanto de sofrimento aquela criatura já havia passado. Não tinha mais que uns vinte anos, talvez dois ou três além disso, mas trazia os olhos sempre marejados, como se estivessem na iminência de desatar-se em lágrimas quietas. E aquelas mãos pequenas, tão hábeis para a costura – eu mesmo já havia usado seus serviços para cerzir um paletó –, eram quase sempre incapazes de abrir a única janela de seu quarto, que nem janela era. Todos os domingos, era a mesma coisa: a cama que rangia, os tamancos arrastados e a vassoura circulando pelo chão de cimento avermelhado e então, a parte mais agoniante do ritual de Socorro, suas mãos pequenas tentando abrir o basculante que dava para o corredor escuro do segundo pavimento. Ela subia em uma cadeira, imagino – eu conseguia ouvir o pequeno móvel sendo arrastado e o tamborilar da madeira no chão enquanto Socorro esticava-se sobre a porta para alcançar a abertura estranhamente posicionada quase junto ao teto. A cadeira gemia, a mãozinha de Socorro quase agarrava a alça, mas não devia ter forças para abri-la, ou talvez sequer a tocasse. Por tantas vezes pensei em levantar da cama, bater à porta e oferecer-lhe ajuda para abrir aquela infernal janelinha, mas alguma coisa me impedia de perturbar aquele momento de solidão da mocinha madrugadora. Eu ficava escutando, ainda debaixo das cobertas, sua luta em busca de um pouco de ar refrescante para aquela vida sufocada – a moça queria respirar, meu Deus, pelo menos nas manhãs de domingo, no dia do Senhor. E eu torcia por ela, calado e imóvel. Quase podia ouvir o ar deslocado pelos braços de Socorro a cada tentativa de chegar ao basculante, os suspiros de cansaço, o dedo acariciando a alça, sem sucesso.

Nunca imaginei que um dia, bem depois do fechamento da pensão, minha maior felicidade nas manhãs de domingo passaria a ser a lembrança do som de sua janela ruidosa abrindo-se para mim.

O BARULHO DO BASCULANTE DE SOCORRO, ABERTO pela menina depois de tamanho esforço, parecia ter despertado em Dona Amparo o pior dos seus humores naquele domingo. Eu prosseguia na cama, na preguiça dos primeiros raios de sol a romperem a barreira das cortinas, mas sabia que a dona da pensão vinha pelas escadas do sobrado apenas pelo som pesado das chinelas em procissão, calcando ruidosamente cada degrau. Não tardava muito entre o ranger do corrimão no topo da escada e a invasão, pelas frestas da porta, do perfume enjoativo de alfazema de Dona Amparo, uma tentativa fraca de disfarçar seus maus odores. Virando-me para a parede, era como se aquele cheiro de velhice descontente fizesse meus olhos enxergarem além dos tijolos a cena que se repetiria na peça ao lado.

Primeiro, as três pancadas autoritárias. Os passos pequenos da inquilina vinham abrir rapidamente a porta ao lado para que a voz corroída por anos de nicotina da matriarca começasse a ladainha de todos os domingos. Um zumbido de bom dia vinha lá de dentro, mas a senhora entrava sem cerimônia no quarto que era, afinal, sua propriedade, e encostava a porta atrás de seu corpo imenso. Dona Amparo visitava a moça de cima a baixo com seus impropérios – pela indiscrição da senhora, eu sabia que Socorro estava coberta de poeira, com os cabelos desgrenhados, as roupas amarrotadas demais e calçando tamancos de madeira que eram um tambor a desfilar sobre a cabeça da velha logo cedo. Dona Amparo era rica em reprimendas à vida alheia: os lábios de moça deviam usar algum vermelho, sua pele precisava de um bom banho de sabão e água, suas unhas não demonstravam capricho algum, sua face pálida espantava os homens. Era como se estivesse nos velhos tempos da casa, desancando alguma de suas meninas. Em estranha sinfonia, os braços gordos da senhora regiam cada uma dessas frases de desdém por Socorro e não raro suas mãos se chocavam com algum móvel ou mesmo contra as próprias coxas. Depois, reclamava das flores – recortadas de revistas e coladas nas paredes – a estragar o imóvel, a cama que rangia demais e o assoalho que parecia nunca ser varrido como se deve. As chinelas de Dona Amparo arrastavam-se pelo quarto de Socorro e vinham perturbar-me à porta de entrada. Antes dos últimos minutos daquele sermão, seu pé direito inchado retumbava no assoalho por seguidas vezes, irritante. Por fim, a dona da pensão encerrava sua homilia: a matrona sem filhos adotava um tom maternal, que soava ameaçador naquela garganta áspera de licores caseiros e banha de porco. Aconselhava a moça a tomar cuidado com o barulho, já que ao lado "estava um rapaz de boa origem, trabalhador sério, desses que usam muito a cabeça a semana inteira e precisam descansar no dia mais sagrado da semana". Havia então em Socorro um silêncio de padre-nosso, um murmurar tão recolhido que eu jamais conseguia distinguir, mas tudo compreendia. A voz rascante de Dona Amparo soltava seu que-isso-não-se-repita de todos os domingos e a porta era fechada pelo gesto teatral de seu grosso braço esquerdo a puxar a maçaneta, que gemia mais alto que as desculpas esvaziadas da pobre costureira.

Do meu quarto, eu pagaria três meses de aluguel para ouvir, um dia que fosse, a voz de Socorro clamando sua liberdade com a força descomunal de trinta revoluções, expulsando os vendilhões do templo, ordenando o ataque das tropas, proclamando a independência de qualquer país remoto ou mesmo a anunciar a morte com padecimentos de soprano. Mas o que se seguia era sempre o arrastar enjoativo das chinelas de Dona Amparo em direção ao seu café amargo, às intragáveis roscas de polvilho. No quarto ao lado, um sossego soturno de igreja abandonada.

A mesa estava posta. Na cabeceira, Dona Amparo sorvia, com o barulho costumeiro de sua dentadura inadequada, a xícara de café amargo de todas as manhãs. Seu rosto redondo, ornado por um permanente par de olheiras, controlava a movimentação dos hóspedes da pensão. Tratava-os como crianças de internato: havia um número certo de bisnagas de pão, fatias de queijo branco e roscas de polvilho para cada um, e uma reprimenda azeda para quem não cumprisse os regramentos da casa. À direita da obesa senhora, a coitadinha da Abigail, uma quase neta sua, e os moradores que pagavam com mais regularidade o valor mensal por seus quartos. Era o lado mais próximo da copa. Eu escolhi sentar lá pelo meio da mesa, mas a dona da pensão não abriu mão de que fosse ao menos do lado direito. "Que o doutorzinho tenha tudo do bom e do melhor", dizia ao oferecer-me seu sorriso irregular. Por ordem velada de Dona Amparo, recebíamos os ovos de duas gemas e as fatias mais generosas de fiambrada frita.

Socorro sentava-se na última cadeira do lado esquerdo – aquele destinado aos sem importância, aos que atrasavam o mês e aos que chegavam depois do horário sagrado do café da manhã. Lá, ela evitava as conversas do meio da mesa e os olhares insistentes da senhora. Comia como um passarinho. Jamais pedia para a Mercedes, a servente e cozinheira, trazer a gema dura ou a fiambrada sem fritar: engolia o que lhe traziam, não reclamava, sofria quieta. E não falava com ninguém, pois não havia quem lhe reparasse.

Mas quando vinha o Furtado, tudo era diferente. Marinheiro, sotaque estranho e indefinido, moreno mesmo em dias de chuva, o Furtado puxava assunto, insistia, elogiava. Uma vez, deu para ela seu ovo frito; na Páscoa, dividiu com ela uma barra de geleia de mocotó que sua mãe lhe mandara lá do centro do país. O Furtado falava com todo mundo da mesa e desafiava Dona Amparo, quase sempre, com suas anedotas de taberna. E era o único que arrancava alguma reação de Socorro. Ela suspirava, arregalava os olhos, quase sorria. Ele era farto de dentes brancos, sempre mostrava para Socorro – e para as "damas da mesa", como dizia – o sorriso que tão bem combinava com o uniforme dos dias de partida. O rosto de Socorro iluminava-se como um lampião de rua – pouco brilho, mas o bastante para guiar os passos dos desatentos.

Mercedes ria muito com os gracejos do Furtado, e ele ganhava dela o branco mais alvo das fardas todas do navio em que servia. Abigailzinha parecia ruminar por ele um amor adolescente, e Furtado sempre atrasava o mês sem receber qualquer reprimenda. Mas ele só existia para elas quando entrava na sala de jantar, com seus sapatos brilhosos e o rosto de galanteador. Socorro, hoje eu sei, amava-o ainda mais na ausência, esperava-o chegar de suas longas viagens com olhar de viúva inconsolável. Sentava-se à mesa do café da manhã e comia distraída, absorta no prato vazio ao lado do seu, na xícara emborcada que não teria naquele dia os lábios carnudos do marinheiro, na rosca de polvilho que iria sobrar na cesta de pão. Por vezes, esquecia a presença dos demais e debruçava-se na mesa, a cabeça mergulhada nas mãos pálidas, murmurando palavras silenciosas.

— Tira o cotovelo da mesa, menina!

Sem os gracejos e o riso de Furtado por perto, as palavras de Dona Amparo ressoavam como trovões. Ele ganhava os mares longínquos e Socorro recolhia-se em sua cadeira, puxava para mais perto a xícara de café bem doce e brincava com a pequena colher, sem vontade alguma de bebê-lo. Quando o marinheiro estava ali, parecia vir sobre ela uma onda de calor indecente a subir pelo corpo até deixar seu rosto em lava. O lugar vago ao lado era um mar gélido de distância que somente a esperança de revê-lo era capaz de aquecer.

Ao terminar o café da manhã daquele domingo, Socorro empurrou a cadeira para trás sem emitir qualquer som. As demais pessoas à mesa continuaram a refeição. Ninguém olhou para ela ou murmurou qualquer despedida. A moça recolocou o assento no lugar original e, de cabeça baixa, dirigiu-se para a escada. Ainda com o pé direito no primeiro degrau, ela virou a cabeça rapidamente e olhou para a pequena mesinha onde havia um telefone trancado a cadeado e alguns envelopes. Seu corpo debruçou-se no corrimão e a mão esquerda levantou carta por carta.

O último envelope da pequena pilha trazia um sobrescrito em letras grandes. Seu dedo indicador acompanhou o desenho das palavras: "Arlindo Furtado". Ela ergueu-o até a altura dos olhos, abanou-o no ar, sentiu o peso do conteúdo oculto. No verso, havia um nome de mulher, "Glória", e um endereço distante, de uma cidade portuária. Uma das letras do nome de mulher recebera um pequeno coração no lugar do ponto característico. A mão de Socorro crispou-se sobre o papel amarelado. Lembro-me de eu quase ter derramado café na toalha branca com o murro de Abigailzinha na mesa ao perceber as cartas na mão da desbotada costureira. Sem amassá-la, Socorro devolveu aquela carta à companhia das demais e subiu os degraus da escada rapidamente.

A chave da porta do quarto não entrava na fechadura. Socorro tentou três vezes acertar o pequeno orifício, sem sucesso. A mão direita, a mesma que há instantes repetira a caligrafia de Glória sobre o amarelo do pequeno envelope, agora tremia. A chave foi ao chão, junto dela uma lágrima escapou pela face esquerda da moça. Ela pegou no assoalho a chave caída. Com a mesma mão, secou o olho marejado e tentou novamente entrar no quarto. O som da porta que abria e de seus pés adentrando o recinto foram abafados pelo grito rouco de Dona Amparo no andar de baixo.

Socorro sentou-se para costurar e até fez alguns pequenos reparos em um par de meias brancas que trazia calçadas. Mas, em poucos minutos, abandonou a agulha e pegou sobre a mesa umas flores de papel recortadas. Separou-as por tamanhos e cores. Por fim, colocou de lado as três pilhas de retalhos de revistas e tirou de uma pequena gaveta quatro folhas inteiras de papel de presente. Com o dedo indicador, passou um pouco de cola no verso de um enorme recorte com rosas vermelhas estilizadas – a mão desenhou demoradamente no papel um nome. Sobre uma das letras de "Arlindo", Socorro fez um coração e, em volta de todo o nome, ela fechou um círculo no qual seus dedos demoraram, rodeando, acariciando sem qualquer pressa.

Quando a voz de Mercedes chamou seu nome do lado de fora do quarto, Socorro ainda mantinha as mãos espalmadas na folha já colada na parede, sobre a cabeceira da cama. Seus olhos miravam, entorpecidos, o vermelho das flores pintadas. A mão que acariciava o papel, evitando as bolhas de ar que surgiam nas bordas da folha, era a mesma que vez por outra consertava o olho úmido. Mas Socorro nada disse, mesmo quando a velha criada da pensão esmurrou por três vezes a porta do quarto e fez estremecer por dentro o pequeno cômodo onde a moça guardava seus pedaços de vida privada longe dos olhos do mundo.

*PRECISO SAIR DAQUI. ESTOU SUFOCADA. VOU SAIR QUIEtinha para que ninguém me veja. Nunca me veem mesmo, não falam comigo, não se importam. Ninguém se importa. Só Furtado. Furtado fala comigo, me olha nos olhos, passa a manteiga para mim e sorri do meu jeito. Quando ele não está na mesa, esse café não tem gosto, essa rosca é mais seca, essa gente é mais distante ainda comigo, Dona Amparo é mais rude, detestável. Preciso sair daqui, agora. Em silêncio. Vou para o meu quarto e lá me tranco. O domingo não demora tanto se eu for à missa. Ninguém aqui vai à missa, por isso não gostam de gente. Por isso não gostam de mim. Acho que eles pensam que quem vai à igreja é porque tem pecados demais. Eu vou porque lá ninguém me perturba e o padre me olha nos olhos quando me dá a hóstia. Deus entra em mim, ele está em mim e não me sinto mais só. Vou para o meu quarto e me tranco até a hora da missa. Isso. Subo as escadas e me esqueço lá dentro. Assim fico quieta e ninguém se lembra de mim. Olha, chegaram as cartas e ninguém falou nada. Não falam comigo, nem para me avisar das cartas. Quem sabe a mãe escreveu, quem sabe alguém mandou alguma coisa para mim. Eu queria que Furtado me mandasse uma carta um dia. Um cartão--postal dos lugares que ele conhece, do Rio de Janeiro, do mar. Ele disse uma vez que Recife era igual que Veneza, cheio de pontes e rios cortando a cidade. Eu não sei o que é Veneza, mas o Furtado sabe, conhece essas coisas de estrangeiro. Olha, uma carta para ele. Letra bonita, grande. Nome lindo. "Arlindo Furtado". É uma carta pesada, para ele. É carta de mulher, "Glória". "Glória", de Salvador. "Glória" de Salvador, com um coração no pingo do "i". "I" de "inferno". Inferno. Glória dos infernos!*

*Quem será essa tal Glória, que escreve para ele com essa letra toda desenhada de mulher que tem tempo de sobra na vida para ficar escrevendo cartas para homem em outra cidade, deve ser alguma dessas mulheres desavergonhadas, só mulher assim desenha coração em carta para homem solteiro, e essa droga de chave que não entra, Furtado, eu preciso entrar no quarto, pelo amor de Deus, entra, chave, inferno, mulher dos infernos, essa chave que não entra, diacho, eu não quero que ninguém me veja chorando, eu não quero, Furtado, deixa eu entrar, meu Deus, ajuda, essa chave, diacho, abriu, graças a Deus, agora ninguém mais vai me ver o dia inteiro, não quero mais ver mulher nenhuma na minha frente, tenho ódio das mulheres, essa risada infernal da Dona Amparo, essa casa cheia de capetas, Glória dos infernos. Vou costurar que faço melhor, essa meia me incomoda, esse furo, esse buraco aqui dentro, não consigo, não adianta, eu vou ver minhas flores, eu preciso de ar, Furtado, por que, eu não acho o que eu quero, eu te encheria de flores, Furtado, não acho flor que te mereça, rosas, rosas vermelhas, muitas, uma folha inteira de rosas vermelhas para você, Furtado, meu coração, Arlindo, volta para mim, Furtado, lindo, Arlindo Furtado, só para mim, Furtado, só para mim, Arlindo, para mim... Vou te colocar aqui bem perto de mim, quero te ver ao acordar, quero sonhar com você coberto de rosas vermelhas, meu amor, teu sorriso, meu amor, cheio de rosas, nossa vida calma, um mar de rosas, sem problemas sem vergonha sem pudores sem Dona Amparo sem Glória sem demônios, não quero chorar, sem essa casa, não quero mais chorar, sem essa vida, não quero mais chorar por você, Furtado.*

— Socorro, abre aqui, menina! Anda, abre logo!

*Eu não quero mais abrir minha vida para ninguém, Furtado, volta, volta para mim, Arlindo, esquece tudo o mais, lindo, e eu me entregarei para uma vida só para você, sem Amparo nem Glória.*

Voz estridente tinha a Mercedes. Penetrava em meus ouvidos como uma ofensa. Era forte, esganiçada, e a mulher falava como se tivesse em seus gritos a única arma de defesa. Não era verdade. O longo tempo de serviços prestados à sisudez de Dona Amparo era um trunfo que a servente costumava anunciar sem cerimônia cada vez que se sentia ameaçada pela dona da pensão.

— A senhora já se esqueceu de tudo o que eu fiz pela senhora?

A frase costumava calar a mesa do café da manhã. Dona Amparo respondia com um depois-conversamos entre dentes e engolia mais uma xícara de café amargo. Todos abaixavam os olhos em silêncio respeitoso, imaginando os segredos que tornavam o ar da pensão, naquele instante, pesado feito um remorso. Mercedes então ia cumprir o que a patroa havia determinado, mas com um sorriso indecifrável no rosto de morena brejeira, ornado por inverídicos olhos verdes. Os poucos que sabiam do passado daquela casa compartilhavam um olhar cúmplice com a mulherzinha. Os demais encolhiam-se em seus temores ou indiferenças.

— Eu sempre faço tudo o que mandam, a senhora sabe.

Mas Mercedes era trabalhadeira. Não parava nunca. Lavava toda a roupa de Dona Amparo e da Abigailzinha com capricho. E não servia apenas à velha e sua descarnada neta. Por uns trocados, ou um agradinho qualquer, era capaz de engomar à moda antiga a camisa de um dos hóspedes, de passar cera no chão de seu quarto ou mesmo de preparar uma média com pão e manteiga para confortar seu fim-de-tarde. Com astúcia de guerrilheira, era capaz de executar todas essas tarefas perigosas na clandestinidade, fugindo do regimento rígido da pensão escrito na mente da patroa ranzinza. Para evitar enfrentamentos desnecessários, era capaz de cumprir as ordens mais absurdas de Dona Amparo, não sem antes recordá-la de sua fidelidade.

— Eu sou capaz de fazer de um tudo pela senhora.

Agora Mercedes berrava bem ao lado de meu quarto. Era impossível ignorá-la – ela gritava e esmurrava a porta de Socorro com vontade. A morena não gostava das mulheres que viviam na pensão, sabe-se lá o porquê. Ao contrário do que fazia pelos homens, a quem servia revirando os olhos úmidos, pelas moradoras não movia um dedo sequer, mesmo diante da promessa de alguns tostões. Trabalhar para outra mulher nas lidas domésticas era um desaforo e qualquer pedido desse tipo, uma ofensa grave. Dona Amparo era a patroa, era diferente; Abigail era doentinha, coitada.

— Tudo o que a senhora manda, eu faço.

Por isso os murros fortes e o nome de Socorro gritado com impaciência. Eu estava subindo as escadas quando Dona Amparo começou a reclamar. Alguém havia bulido em suas cartas, ela mugia. Eu não recebia cartas, jamais. Subi mais rápido e encolhi-me no meu quarto, mesmo sem ter culpa alguma. Deixei a porta entreaberta, fingi estar lendo. Os berros continuaram. A velha estava ofendida, via naquilo um desrespeito sem fim às regras de boa convivência. Abigailzinha, chorosa e inconsolável, apontara a costureira como responsável por aquele e outros males do mundo. Dona Amparo chamou Mercedes; a morena, única que deu pela falta de Socorro no final do café da manhã, ofereceu-se para passar as coisas a limpo.

— Eu só faço o que a senhora manda, a senhora sabe, deve lembrar muito bem.

Mercedes girava com força a maçaneta, fazia tremer a porta, batia os tamancos no chão. Mas Socorro não abria. A cozinheira bateu, pediu, fez-se de querida, ameaçou de morte, fingiu que chorava, chutou. Nada.

— Dona Amparo, cansei. Deixa isso *pra* lá. A senhora sabe que eu sempre faço o que a senhora manda. Mas o diacho da menina não quer sair.

Abigail tinha ciúmes de suas cartas e deve ter dado um suspiro, dos longos. A patroa gritou para a Mercedes lá da saleta. A mulher retrucou. Abigailzinha deve ter feito mais um muxoxo qualquer para a avó. A matrona levantou e veio até o pé da escada. Mercedes veio descendo e contorcendo os lábios de desdém. Dona Amparo xingou. A cozinheira parou, colocando as mãos na cintura. Abigailzinha, coitada, deve ter reclamado da vida infeliz, quase morrendo a cada palavra. A velha então fustigou a Mercedes – berrou que não queria saber de nada e se a servente achasse uma carta de sua neta no quarto da moça, ganharia três tostões e ainda um dia de folga inteirinho só para ela, que a morena só não quebrasse a porta que isso não era preciso e ela também não queria ter prejuízo com hóspede nenhuma muito menos com a desenxabida da tal de Socorro.

Mercedes deu aquele seu meio sorriso enfeitado de esperteza.

— Mas só vou fazer isso porque eu faço tudo o que a senhora manda.

PRECISO CONTAR ALGUMA COISA SOBRE A ABIGAILZI-nha antes que Mercedes consiga, por fim, entrar no quarto de Socorro.

A mirradinha da Abigail era uma mocinha sem atrativos, que passava os dias reclamando do quanto a vida era parada, parada... Ela era uma espécie de neta da velha – ao menos, assim Dona Amparo apresentava a menina aos estranhos. Em verdade, Abigailzinha foi entregue à dona da pensão quando tinha quatro anos de idade, apenas três meses antes da mudança do estabelecimento – de casa de tolerância para hospedaria – e dois dias depois da morte da mãe da jovenzinha feiosa. Dizem que tentaram devolver a menina para o pai, mas ele sumiu no mundo assim que recebeu o dinheiro dado por Dona Amparo pela transação escusa. A existência de Abigail tornou-se uma prova do passado pouco nobre de Dona Amparo e, assim, a menina foi sobrevivendo sob a proteção temerosa de sua quase cafetina. Não havia vontade sua que a velha senhora não cumprisse. E a menina, entre suspiros e azedumes, reinava esquálida e infeliz sobre os hóspedes todos.

O humor de Abigailzinha tinha gosto de maresia e flutuava ao sabor de alguma maré insuspeitada. A sede de mar e de marinheiros, que a menina deve ter herdado de sua mãe perdida, a avó postiça nunca foi capaz de saciar.

Nas práticas que tive no hospital, alguns anos mais tarde, dei-me conta de que a moça devia ter seus níveis de hemoglobina abaixo do normal, agravando seu humor cronicamente deprimido e seu absoluto sentimento de pesar e fracasso. Precisava de certos nutrientes e de uma ocupação sadia para reduzir o amarelão da pele ressecada e o vazio do olhar de menina destruída. Disso, ou de um marujo.

Quando elaborei tal diagnóstico e voltei a ver Abigail crescida, muitos meses depois da tragédia da escada, ela já havia encontrado ocupação em pisotear os outros e alimentava-se de sua própria crueldade. Estava mais corada e era toda sorrisos – e isso se tornara, posso garantir, assustador.

Mas Mercedes bate ainda à porta de Socorro e Abigailzinha era, naqueles dias, não mais que uma jovem mimada pelo remorso de Dona Amparo, largada em um sofá a lamentar uma vida que poderia ter sido muito pior.

Melhor subir novamente a escada da tragédia.

QUANDO VOLTOU AO ANDAR DE CIMA DO SOBRADO, Mercedes não precisou mais ameaçar: a porta de Socorro estava aberta. Pude ouvir a morena raivosa entrando no quarto ao lado, em silêncio de acusação. Com cuidado, abri a fresta da porta para, do conforto de minha covardia, também conhecer aquela ilha inexplorada.

Dona Amparo assentara Socorro no menor dos quartos da pensão. Papel de parede desbotado, sinteco gasto e opaco, um fio grosso que descia do teto e sustentava uma única lâmpada fraca e amarelada. Um tapete ornado de camélias vermelhas descoradas disfarçava os estragos do assoalho, mas eram visíveis os arranhões de móveis arrastados sem cuidado. Sinais do intenso uso do aposento num passado vergonhoso.

Havia um torso de manequim deixado em um canto do quarto. Improvisado sobre um abajur alto, ele suportava um inacabado vestido de noiva, encomenda repudiada por conta de uma traição do quase esposo de uma freguesa. Ficou o traje e o brilho do bordado em pedraria, que enfeitava o cômodo escuro. O resto da mobília era ainda do tempo em que apenas as moças habitavam a casa.

Na parede ao fundo, uma cama de casal, sempre enfeitada com colchas delicadamente bordadas com anagramas alheios – outros pedidos que clientes desistiram de buscar. Sob o móvel robusto, um par de chinelas acolchoadas contrastava com a vassoura mal escondida pelas franjas da coberta. Junto à parede, um sóbrio armário de madeira escura dificultava a entrada. Nele estavam guardadas as roupas simples, os três pares de sapatos, os moldes, o travesseiro, a caixinha trançada em forma de coração.

Quase oculta pelo guarda-roupa, uma mesa pequena tomada pelo tumulto dos pequenos objetos: a caixa de sapatos que servia de cesta de costura, retalhos de tecido, tesouras, flores recortadas de papéis de embrulho e de revistas recolhidas na confecção em que trabalhava. A um canto do móvel, uma pastorinha de porcelana, com seu cestinho de azaleias coloridas e seu cão alvíssimo, enchia de graça falseada a desordem da costureira.

Algum encanto existia naquele quarto escuro e úmido. O pequeno basculante nada iluminava – dava para o corredor, ficava bem no alto, escondido na parede da porta de entrada. Mas tudo ali tinha um brilho postiço qualquer, um inventado ar primaveril. Flores de papel coladas nas paredes encobriam as partes que o mofo e o tempo foram destruindo. Cores incertas, um estranho emaranhado de recortes. Sobre a cabeceira da cama, chamava a atenção um grande borrão vermelho: uma folha inteira de papel de presente, rosas encarnadas de um brilho chamativo, grudada onde antes havia apenas uma singela imagem da Imaculada Conceição.

E havia livros. Vários, pude ver, ao lado da cama e sob a mesa, com papéis marcando páginas, livros lidos à exaustão, eu poderia dizer. Jamais imaginei que ela fosse sequer letrada.

Na parede ao lado da cama, a mais intrigante visão do estreito cômodo escuro: uma grande janela, com um céu azul e cortinas vermelhas a emoldurar uma paisagem incompleta. Não havia sol, nem árvore, nem terra firme. O mar. Sobre a linha do horizonte, um pequeno desfile de barcos em absurda perspectiva. Era uma vidraça falsa, um mosaico tosco feito com as pequenas rebarbas de papel colorido que sobravam das flores recortadas e dos embrulhos das freguesas. De longe, a abertura inventada parecia encher de luz o quarto mal ventilado e o rosto da costureira. Uma brisa marinha quase saía da parede – mas era apenas impressão do vento direcionado pelo basculante inútil sobre a porta do quarto vazio.

Mercedes olhava atônita a tudo aquilo, com um rosto de desprezo que não se esforçava em esconder. Mas a morena tinha outros planos e não ficaria ali a ver navios.

Voz seca e crua tinha a Mercedes quando ria da desgraça alheia.

— Dona Amparo quer ver você lá na saleta. Agora.

Socorro calçou os sapatos e desceu as escadas da tragédia iminente, apressada. Dona Amparo esperava-a na sala de estar do sobrado antigo, que os pensionistas chamavam de "a saleta secreta", já que eram proibidos de frequentar o lugar estreito e escuro. A dona da pensão obrigava-os a entrar pelos fundos. A porta da "saleta" era aberta apenas para as suas visitas pessoais, que eram raras e ocultas aos hóspedes. Por vezes, quando se sentia generosa, Dona Amparo deixava os pensionistas ouvirem as radionovelas ali do corredor, desde que mantivessem o silêncio e a compostura.

A sala, com suas paredes cobertas por camélias esmaecidas, era dominada por uma *bergère* de espaldar alto, como Socorro sempre sonhou ter em seu quarto para seus longos momentos de costura. Ao lado, um sofá confortável era enfeitado com um antigo xale de Dona Amparo e almofadas brilhosas que Abigail usava para amparar sua fraqueza quando ali se deitava para reclamar da vida para a avó postiça. Bem ao lado, o rádio em formato de oratório. Uma cristaleira repleta de pequenas figuras de louça tomava a parede próxima ao corredor, e o tamanho exagerado do móvel impedia os olhares de quem subia as escadas. A um canto, um pequeno pufe compunha o único espaço vazio da sala diminuta, dominada por vasos de plantas murchas. Ali, Dona Amparo fez sentar Socorro com um gesto descuidado da mão gorda.

— Abigail viu você mexendo nas cartas. Você sabe que não quero ninguém mexendo nas cartas. E Abigail viu você pegando uma carta que é para o Furtado. Não quero mais saber disso, ainda mais sendo carta de outro pensionista. — Dona Amparo secou a testa lustrosa, displicente. — Mesmo no caso do Furtado, que não mora mais aqui.

Socorro ergueu o rosto, incrédula. Dona Amparo continuou a falar sobre cartas, hóspedes, dinheiro, disciplina, e a coitada da Abigail fez um muxoxo do outro lado da saleta, mas a costureira estava em um redemoinho que fazia a sala girar, desgovernada. A notícia, largada ao vento como um cisco qualquer, tinha para Socorro a força de um tufão. Subitamente, o sofá virou sobre ela e o rosto pálido da Abigailzinha, coberto pelo luto do xale, veio até seu colo como uma raquítica maldição. Dona Amparo saltou no ar, a *bergère* cavalgava sem direção e ameaçava lançar sua amazona enorme sobre as pernas da costureira. As plantas desfalecidas cresciam sobre as paredes escuras e enchiam de um lodo pegajoso o papel de parede, cujas camélias pintadas tornavam-se mandíbulas ferozes que ameaçavam Socorro. Na cristaleira, pequenas pastoras degolavam cisnes. Gatinhos mimosos de alvura eram pisoteados por menininhas em vestidos de tule. Carruagens floridas atropelavam uma bela moleira que tentava quebrar os vidros do móvel com o corpo de um peixe sorridente, roubado de um idoso pescador de porcelana chinesa.

Furtado não morava mais ali. A *bergère* saltava, o sofá sufocava a pequena Abigail contra o chão lamacento, a porcelana selvagem digladiava-se dentro da cristaleira, o xale atava seus pés ao caule de uma descomunal violeta, mas nada importava. Furtado. Não haveria mais quem lhe sorrisse à mesa deserta do café da manhã, ou que lhe contasse histórias do porto distante, ou encostasse o braço em seu seio ao tentar alcançar as roscas de polvilho vazias. Que as ervas daninhas devorassem suas mãos: Furtado não mais repararia em suas unhas pintadas de rosa decente. Que os cisnes grasnassem até que enlouquecesse: Furtado já não sussurraria as anedotas de Marinha ou seus doces comentários sobre o gosto da fiambrada e a obesidade de Dona Amparo. Que um tropel de cadeiras esnobes lhe esmagasse o corpo: Furtado jamais iria elogiar seus vestidos novamente.

A voz de Dona Amparo era perfeita para desfazer sonhos à luz do dia:

— E que isso não se repita, Socorro! Ou você será a próxima que eu irei expulsar desta pensão!

Eu vou mover céus e terras.

*Ela vai estar na saleta, contando dinheiro com Abigailzinha deitada no sofá, chorando sua vida sem dor. Vou sair do meu quarto e descer até a cozinha. Esperarei por Mercedes. Eu vou baixar as escadas sem estalar um osso sequer. Mercedes não vai me pegar, prometo, meu amor. A morena vai estar no pátio, estendendo os lençóis no varal dos fundos, ouvindo o rádio e cantando um desses boleros que ela tanto gosta. Ela vai esquecer a letra da música e voltar para dentro, para buscar mais inspiração e roupa úmida. Eu vou atravessar o quintal e arriscar, e suar frio, e rezar sem palavra, mas vou entrar no quarto de Dona Amparo. Vou fazer isso por você.*

*Vou trancar por dentro a porta do quarto. Abigailzinha fecha-se lá quando desfruta de seu choro das tardes, e Mercedes não vai estranhar nada se não conseguir entrar. Não vou abrir fresta de janela, nem acender abajur. Vejo bem no escuro, tenho olho de cerzideira, enxergo bem o que quero muito. Vou procurar nas gavetas da penteadeira, nas caixas de chapéu, dentro das porcelanas, no fundo falso da caixinha de música de Abigailzinha. Por você. Vou encontrar o motivo. Por você, vou descobrir a razão. Furtado, por você.*

*Ela expulsou você, mas eu vou conseguir o recibo sem pagamento, a carta que denunciou você, o pedaço de passado que condena, Furtado. Seja lá o que for que ela usou para incriminar um homem tão bom, para expulsar você de mim. É chantagem dela, só pode ser, eu sei, aqui dentro. Vou resgatar você e ficar quieta atrás da porta até que o silêncio do pátio me deixe voltar para dentro da casa.*

*Vou entrar pé ante pé na cozinha. Mercedes vai me ver. Sobre os ombros, vestida de flor e decote, com seu sorriso de rameira. Cortando suas batatas, requentando feijão, com seus olhos verdes de bastarda. Ouvindo seu rádio barulhento e sentindo-se uma das Rainhas do Rádio, a mexeriqueira. Eu não ligo, Furtado, eu nunca me importei. Nunca me enxergam mesmo, não me incomoda quando olham. E eu vou ter comigo a carta, o recibo, a condenação. Dona Amparo vai gritar pela Mercedes lá da saleta, talvez fale até meu nome, mas eu não vou ter medo. Já nada mais vai me interessar.*

*Vou encontrar você, Furtado, lá no navio. Vou falar que sou sua namorada, mas sei, ainda é mentira. Os marujos vão fazer pouco caso, os sargentos vão rir, o capitão vai pedir satisfações. Vão duvidar de mim, caçoar de mim. Não, meu amor, eu não me importo. Eu vou lutar por você e enfrentar as Marinhas todas do mundo se for preciso. Eu vou dizer que você me ama só para despistar os marinheiros. Vou deixar na sua mão o papel para que você volte, Furtado, na sua mão, para que você volte lá para a pensão de onde você não pode sair nunca. Nunca, Furtado. Eu não sei onde ele fica, o seu navio, eu nunca vi o mar, mas eu vou encontrar você, vou mover céus e terras até trazer um mar inteiro e nele o seu barco valente. Até aqui, na pensão, o mar e o seu barco.*

*E você vai voltar, Furtado, e entrar pela porta da saleta, e rasgar o recibo, e esfregar a carta maledicente, e dizer boas verdades na cara redonda dela. Quero ver Dona Amparo sem chão. Quero ver a soberba dela rolando por terra. Por você, Furtado. Para que nunca mais você me deixe. Para que olhem para mim e me vejam. Perto de você. Não quero mais a distância, a ausência, a calma inquieta. Não mais a vontade seca, a saudade sem passado. Não quero a solidão.*

*Quero que ela morra.*

Bateram uma porta com violência no início do corredor e Socorro despertou. Era dia. Eu ouvi a moça levantando, no silêncio costumeiro – uma avezinha assustada. Uma noite inteira de cansaço abandonado depois da gritaria da manhã anterior, da notícia funesta, da cena toda que presenciei contra a vontade, antes de me recolher ao sono para um novo dia de aulas insípidas. Mas quando encontrei Socorro na porta do meu quarto, percebi que para ela sua noite havia mesmo começado uma semana antes, no momento invisível da partida de Furtado. Era não mais que uma viúva ainda apaixonada por seu cadáver.

Ia descer as escadas carregando os restos da sopa de ervilha e da garrafa de vinho ralo que Mercedes havia levado para mim no fim da noite, com o consentimento de Dona Amparo. Socorro saiu porta afora e o acidente foi inevitável: ela assustou-se em um gemido seco, o branco de meu jaleco tornou-se uma mancha pegajosa e o rosto da costureira perdeu a cor. Foi quando percebi suas mãos pela primeira vez.

A mão direita de Socorro crispou-se sobre a bolsa que levava no ombro, e a tensão do momento fez com que seus leves músculos se retesassem, mostrando uma profusão de veias quase esbranquiçadas. Que fácil devia ser coletar seu sangue, pensei. Os dedos bailaram nervosos até que a pele esticou-se levemente no esforço de unir o dedo indicador e o polegar em torno da argola que permitiria abrir o fecho éclair. A mão que tapava a boca desceu, então, para explorar os domínios do interior da bolsa. As unhas, de um rosa docemente esmaecido, emocionaram-me, não sei por que, naquele contraste com o couro gasto, com o metal das alças. Era a cor que minha irmã usava antes de se tornar uma insuportável mãe de família, o tom de doçura de sua juventude, dos tempos em que ainda não conhecia o dono de armazém com quem viria a se casar, o rosa de minha infância em seu colo generoso. Pareceu-me, não sei bem, que a mão esquerda de Socorro continha todo esse carinho perdido em meu passado. Ela vasculhava o fundo da bolsa, fazia soar os poucos objetos que carregava. Tudo era suave, silencioso. Observei, atento, a construção do metacarpo, a perfeita articulação com as falanges, e poderia jurar que os músculos intrínsecos exibiam seu poder para mim, em um aprendizado que me valeu por mil aulas no lúgubre anatômico da faculdade. Era o bailar delicado de uma mão que agia com rapidez e graça em busca de algo para mim ainda oculto.

Foi quando o vi surgir, imaculado. Um clarão de alvura em meio ao negrume do couro e da transparência da pele. Os dedos puxavam-no das profundezas da bolsa, com efeito de revelação: a tessitura de algodão que há pouco tempo ainda era flor, o monograma bordado com esmero de devota, a retidão imposta pelo ferro de passar. A mão de Socorro revelou aos poucos a perfeição, a candura, a graça secreta de seu lenço branco. Socorro. Socorro Oliveira. As duas letras do monograma estavam guardadas entre os dedos que estendiam para mim aquela ajuda que pouco poderia desfazer o mal já causado. Mal, que mal, era apenas um jaleco, e para que me servia aquela vestimenta tola, afinal, se não para proteger minhas roupas de janota de qualquer mácula? Ela entregou-me seu lenço e eu senti que a vida se renovava.

Só então ouvi o som estridente de um prato, um copo e uma garrafa vazia, uma colher e uma sopeira de louça espatifando-se aos meus pés.

O MÊS DE MAIO RESOLVEU SER INVERNO NAQUELE ANO. O frio era incomum e a umidade escorria pelas paredes. Os hóspedes da pensão viviam em um eterno limiar da gripe. Era odioso. Não raro vinham bater na minha porta à procura de recomendações, remédios, consolo. E eu tendo que atender aquele circo de hóspedes estranhos, meio sujos, esquecidos do mundo. Até das tosses de Abigailzinha eu tive que tratar. De graça, é claro. Nada ofereciam em troca. Mas, sem conhecimentos médicos que bastassem ainda, mero estudante, eu tinha pouco a oferecer. Recorria aos chás e unguentos ensinados por minha mãe e minha autoridade parecia curar aquela gente parda e crédula.

Tudo o que eu queria era o meu jaleco de volta, limpo e passado. Não, não me importava com ele. Sua ausência fez com que eu cabulasse algumas aulas práticas naqueles dias por ordem do próprio professor, que me abonou as faltas depois da história triste que lhe narrei para justificar a falta do uniforme de estudante.

Eu carecia de Socorro. Queria que ela me devolvesse o jaleco. Precisava examinar de perto aquelas mãos pequeninas, de uma beleza insuspeitada, que me roubaram o sono nas noites todas que se sucederam depois do trivial incidente entre nós.

Cruzei com a costureira algumas vezes naqueles dias, e seu incômodo era constrangedor. Olhava-me como quem vê seu algoz morando no quarto em frente. Sua boca tinha sempre desculpas murmuradas, ditas com olhar baixo e mãos trêmulas enfiadas nos bolsos do vestido reto. Era o inverno inesperado, eu compreendia. E não me preocupava, nenhuma pressa. Mas minhas palavras pareciam chegar a ela como uma reprimenda, não sei, uma condenação, pois ela se encolhia nos ombros estreitos e descia correndo as escadas em direção ao café com as roscas detestáveis de sempre.

A mancha no peito saiu por milagre. Estava alvíssimo o jaleco, como se nada houvesse acontecido. Sei que levou compressas de vinho branco, banhos de água morna e três dias de molho no alvejante, além das carícias continuadas das mãos de Socorro à beira do tanque, em plena friagem, por minha causa. Invejei a sorte de meu jaleco. Cada vez que me via no sopé da escada, Socorro narrava-me a trajetória da mancha à meia-voz. Seu constrangimento enchia de detalhes a explicação irrelevante, mas eu pouco captava de tantas escusas. Meus olhos divertiam-se, decorando-lhe o desenho dos lábios, a miudeza dos olhos, o pouco das mãos que se podia vislumbrar no escuro dos bolsos.

Mas estava pronto o jaleco, e alvo como nunca estivera. Quando dei por mim, num fim de tarde qualquer, senti o perfume do sabão de coco invadindo-me as narinas, a brandura do tecido visitado por aquelas mãos perfeitas, o branco de cegueira do jaleco recomposto que me permitiria regressar às tediosas aulas de anatomia. Ouvia, sem separar as palavras, a cantilena pacificadora de Socorro e suas desculpas infinitas pela demora, pelo frio, pelo tempo. Não havia o que perdoar além de sua deferência excessiva, que me colocava nessa prisão em forma de pedestal, esse nome de doutor que só me distanciava dela.

Seus lábios cessaram as desculpas e despertei assustado de meu sonho de limpeza. Socorro ouvira um homem que invadia a pensão feito o tal vento encanado dos antigos: era Furtado e sua fala coalhada de nauseante maresia.

Era uma voz repleta dessa raiva estudada que antecipa o uso da força bruta, a do tal Furtado. As palavras eram dispostas em um cantochão roufenho de ameaças, em um tom forçosamente másculo que fazia com que a voz de Dona Amparo ganhasse notas mais altas que a garganta destruída pelo fumo poderia suportar. Eles gritavam mais e mais, talvez para tornar pública uma disputa que a ninguém interessava.

Os pensionistas eram atraídos pela gritaria feito as crianças raptadas pelo flautista. Ou feito os ratos. A estridente defesa de Dona Amparo e os trovões de insolência de Furtado eram uma música hipnótica para aquela gente de vida tão monótona. Como em Hamelin, um serviço que não fora pago devidamente estava prestes a motivar uma tragédia.

— Está tudo certo? — As palavras tremeram enquanto Socorro apontava para o jaleco que eu apertava contra o peito, sem perceber. Ao longo do guarda-corpo, no andar superior, os demais hóspedes debruçavam-se para ouvir melhor sobre as roupas de Furtado que Dona Amparo trancara no antigo quarto do rapaz, os quatro meses de pensão que o marinheiro devia, as insinuações sobre o Furtado tentar fazer mal à Abigailzinha.

— Sem essa mancha, tudo volta ao normal. — Alisei o tecido.

Socorro olhava para os primeiros degraus da escada, onde Dona Amparo sacudia o dedo grosso no rosto de Furtado. Que o marinheiro não era flor que se cheirasse. Que não prestava era aquela pensão caindo aos pedaços. Que para quem era, bacalhau bastava. Que já tinha visto porões de navio mais limpos que aquilo. Que fosse então dormir nos porões de navio, que era lugar de rato como ele.

— Custa muito para passar? — A pergunta saiu sem qualquer maldade, mas Socorro me mirou com olhos marejados de horror. Do terceiro degrau, Furtado agarrou a mão pesada de Dona Amparo no ar, a caminho de um sopapo.

— Eu não entendo.

— Queria que passasse... — eu falei despreocupado, estendendo-lhe o jaleco. — Não sei se a senhorita faria isso.

Dona Amparo gemeu um falsete de dor e olhou para o alto, furiosa. Os pensionistas trancaram-se em suas tocas.

— O senhor acha que eu devo? — Socorro gritou-me sem perceber.

Ela já não olhava para mim. Furtado e Dona Amparo subiam as escadas em nossa direção, uma sinfonia de ofensas. Ele iria arrombar a porta, ela mandaria prendê-lo se ele não saísse imediatamente. Ela tinha amigos importantes na Polícia, ele conhecia uns estivadores que matavam por dez vinténs. Ao pé da escada, Abigailzinha fungava e gemia, entrincheirada atrás dos quadris de Mercedes, que mal conseguia esconder o quanto a cena lhe divertia.

— Se a senhorita puder, é claro. Não sei se a moça faz esse tipo de serviço. Mas seria bom. — Eu sorri.

— Sim, passado, seria bom... — Suas mãos de costureira habilidosa crisparam-se. — Eu faço, sim, sou capaz de fazer, para ficar passado...

Agradeci e coloquei o jaleco de volta em suas mãos. Queria sair dali, entrar no meu quarto e evitar o constrangimento de ser envolvido no desagradável espetáculo de Dona Amparo e Furtado, que avançavam para o alto, digladiando-se com infâmias. Socorro pegou de volta a peça de roupa e ali ficou, uma frágil estátua de sal.

Furtado avisou, em alto e bom som, que a velha imprestável ia morrer, ordinária. Todos ouviram por detrás de suas portas fechadas. Mas eu ainda olhava Socorro da porta de meu quarto, extasiado com sua palidez. E vi, muito claramente, tudo o que os demais pensionistas apenas contariam à polícia de ouvirem falar: Dona Amparo despencando escada abaixo, em um grasnar horrendo, fazendo ranger os degraus e tremer as paredes, rolando em um espetáculo grotesco até desabar, contorcida e muito flácida, aos pés de Mercedes e Abigailzinha.

E então se cumpriu, ao pé da escada, a ameaçadora premonição do infeliz do Furtado.

*A voz do meu amor tem a fúria das marés, o som que o mar deve fazer na hora dos naufrágios. Ela ronda minha cabeça e enche meu peito de um frio de mau agouro. É um homem dentro do homem que eu amo, o leão que se defende dos animais maiores com os pulmões. Uma fera que eu não conhecia.*

*Está tudo certo? É assim que o mundo gira, o certo vira o injusto, a sujeira sai e a luz volta? Querem levar o meu homem de mim, e tirar dele o que só a ele pertence. Dizem de suas dívidas, de suas fraquezas, de seu lado negro e incorrigível. Mas algo me diz que sem essa mancha que nos separa, tudo voltará ao normal.*

*As outras bestas dessa floresta maldita querem destruir o homem que eu amo. Acusam sua doçura, dizem que é dissimulação. E o dedo que acusa é podre, torpe. Falam que meu amado de nada serve. E a voz que o diminui é menor, rouca e suja. Chamam meu homem de rato. E os olhos que assim o veem mereciam ser arrancados, secos.*

*E essa angústia que não passa! Meu homem vem para mim em passos tão lentos! De onde estou, tudo parece esfacelado, vejo pranto e ranger de dentes. Eu não entendo. Se eu pudesse – se eu passasse – se eu calasse para sempre esses gritos que arranham o nome daquele que eu amo. Mata-se pelos becos afora por dez vinténs, não mais que isso. Eu jamais mataria alguém, a não ser por amor. Para que tudo isso ficasse no passado.*

*Furtado não durou muito tempo na cadeia.*

Todos os hóspedes, mesmo os que desejavam em segredo a morte de Dona Amparo, acusaram o marinheiro com as palavras mais infelizes. Inventaram-lhe premeditações. O ódio pela dona da pensão existiria desde outras ocasiões. A cena teria sido planejada há tempos. Furtado passava horas no topo da escada, olhando estranhamente para baixo, gaguejou Mercedes ao delegado. E a morena revirou os olhos verdes para dizer de sua inocência, e de como salvara a senhora da fúria do marinheiro por diversas vezes. Ninguém mencionou a existência de Socorro na cena, sequer a polícia solicitou sua presença. De mim, então, nem uma palavra – todos pareciam muito gratos por meus conselhos médicos, ou receosos de acusar alguém da minha estirpe. Mas muitos jurariam sobre as Escrituras que viram Arlindo Furtado empurrar a doce senhora – depois da morte deplorável, Dona Amparo tornara-se veneranda e calma. Tudo não passava de remorso de uma gente que sonhara tantas vezes com a imagem grotesca daquele pescoço quebrado e da face esbranquiçada. Eram mentiras que bastariam à polícia e sua pressa de retomar a paz do bairro. Mas não para mim – eu sei, eu vi.

E Furtado foi preso. Nem mesmo os apelos desesperados de Abigailzinha lhe serviram. A moça, que nenhuma emoção demonstrara diante do corpo retorcido da avó postiça, derramara-se em soluços angustiados quando os policiais levaram o rapaz para a delegacia. Mais tarde, jogaria uma xícara de chá escaldante no rosto surpreso de Mercedes quando soube da traição da morena, de suas calúnias contra o homem que a coitadinha da Abigail desejava em segredo mal escondido. Mas isso também não libertaria Furtado das evidências todas de seu crime.

Socorro trancou-se no quarto logo depois da queda e saiu de lá apenas para ir à delegacia, vestida com sua melhor roupa.

— A SENHORITA ESTÁ BEM?

Socorro estava mais corada, bem-disposta, como se a reclusão tivesse rejuvenescido minha paixão secreta dos tempos de pensão.

— Doutor! — Ela lembrou-se de mim, olhou-me francamente, com um sorriso que eu jamais vira mais sincero. — Que surpresa a visita do senhor aqui!

Pedi-lhe que esquecesse as formalidades, mas meu terno alinhado sob o jaleco novo de médico recém-formado não favorecia qualquer intimidade. Ela passou a mão sobre o tecido alvíssimo, do lado esquerdo do peito, e recordou o incidente do vinho e das ervilhas. Pediu-me desculpas uma vez mais, por gentileza - não havia em suas palavras qualquer arrependimento tardio por um incidente tão tolo. E louvou sua própria capacidade de recuperar o estrago que fizera. Menti-lhe ao dizer que o jaleco era o mesmo de então.

A costureira renovara-se: a voz saia fácil, o riso solto, as palavras plenas de uma convicção nunca demonstrada naqueles tempos em que éramos vizinhos de quarto. Ainda trazia nas unhas o esmalte cor-de-rosa, mas agora as mãos pareciam inverossímeis para aquela mulher forte que a inocente Socorro se tornara. Levava os cabelos soltos e penso até que usava algum batom nos dias de visita. Havia um perfume novo que vinha de seu busto. Era quase bonita. O uniforme, sempre impecável, não tinha rasgos ou nódoas merecedores de qualquer reprimenda, sobretudo de alguém como eu, que me descobrira apaixonado por aquelas mãos perfeitas alguns anos antes.

— A senhorita está mais bela que nunca. — O elogio pareceu-me errado ainda em minha boca. — Mas ainda não entendo como a senhorita veio parar aqui.

Sim, eu sabia. Eu espiava ainda da porta quando Socorro agarrou impulsivamente o braço de Dona Amparo – o mesmo que esbofetearia o seu Furtado em cheio, no rosto magro de malandro. Tudo aconteceu em um segundo. Não havia intenção nos olhos da moça, apenas a força insuspeitada de quem defende o que ama. O corpo grande da velha perdeu-se no passo em falso. A escada e o destino encarregaram-se do resto. Mas o marinheiro, mesmo sem ter tocado na velha senhora, levara toda a culpa. Havia tantas testemunhas, nenhum álibi. A fama de malandro do marinheiro apenas alinhavou os depoimentos falsos. Tudo tão claro aos olhos dos policiais.

— Os médicos são como os padres, não é?

A pergunta, vindo daquela mulher que eu passara a desejar, deixou-me desconcertado. Mas Socorro buscava um confessor - era o que eu podia ser para ela, nada mais. Prometi-lhe segredo, infelizmente. Ganhei dela sua história completa, sem rodeios ou embaraços. Sua franqueza cristalina tornou-nos muito íntimos. Mas perdi o amor que um dia imaginei merecer daquelas mãos de delicadeza.

— Eu me entreguei, doutor. Fiz isso pelo Furtado. Não podia imaginar ele na cadeia, eu não podia. Eu sabia que não tinha sido ele, ele não mataria ninguém, doutor, eu sei disso, eu sei… — Ela fingiu pentear os cabelos para secar uma lágrima incômoda. — O senhor viu… Mas ninguém acreditaria em mim, ninguém me ouve...

Socorro olhou para mim, confusa. Eu estava ali, e ouvia, afinal. Ela sorriu enquanto chorava por seu amado, segurando minha mão, trêmula.

— E Furtado? — Eu não tinha interesse no pulha, a pergunta escapou-me por raiva.

Socorro olhou distraída para o chão do pátio interno, riscou caminhos curvos com o pé retesado.

— Ele não queria saber de mim. Me tratou muito mal quando fui na cadeia. — Os olhos dela ganharam uma luz tortuosa. — Eu juro, doutor, que cheguei lá cheia de boas intenções, mas ele me tratou daquele jeito e... — Socorro engasgou-se com a própria coragem. — Depois de ele me humilhar daquele jeito, eu não podia mais fazer o que eu tinha que fazer, não sem que ele pagasse por isso. E ele aceitou minha proposta.

Ela sorriu, esplêndida, olhos perdidos no horizonte que o muro alto lhe negava. Tive pena de Furtado.

Vejo Socorro todas as semanas. Furtado também. Sempre encontro o infeliz na longa fila de visitantes, aos domingos, fardado e mudo de vergonha. Tornei--me também o seu confessor informal. Não, não somos amigos. Sou um rosto conhecido para ele, não mais que isso. O farsante vai lá por obrigação e apenas usa meus ouvidos para depositar sua miséria. Leva frutas e uma flor qualquer para a moça que desprezou um dia. Ela agradece pela comida e sorri ao receber a flor, que coloca nos cabelos para perguntar-lhe a opinião. Furtado diz sempre que ela está encantadora – uma palavra que jamais ouvi antes em seu vocabulário da beira do cais. Penso que faz parte do trato entre eles. Mas, depois desse ritual de praxe, ele fica calado todo o tempo em que está na presença dela. Jamais a agrediu, nem sorri quando Socorro lhe diz algum gracejo. Estão sempre de mãos dadas.

Com o tempo, descobri que ele nunca fora da Marinha. Trabalhava na estiva, isso sim. Quando tinha dinheiro suficiente no bolso, colocava a farda que ganhara de um marinheiro na mesa de jogo e passava uns dias de rei na pensão de Dona Amparo, longe do mar, para que todos acreditassem em sua figura romanesca de marujo. Enviava em postais a mesma historieta para Glória, a noiva que deixara em Salvador para tentar a vida no sul. E ela contava essa história para o pequeno Arlindo, que cresceu mirrado e pobre, mas com um pai valente conquistador dos mares.

Foi Furtado quem me contou que não existia mais a pensão. Mudei-me para um pequeno hotel na antiga Rua Direita assim que pude sair do sobrado, uns minutos depois da polícia retirar o corpo de Dona Amparo do pé da escada. Nunca mais voltei por lá. Ele, descarado, foi até a pensão poucas semanas depois do crime, logo que a Justiça ordenou sua libertação, para buscar roupas e umas riquezas miúdas que não valiam nada. Encontrou por lá Mercedes às voltas com as meninas de Dona Abigail, a nova madama. Os pensionistas de antes haviam sido expulsos no dia seguinte à morte da senhoria – e com a rudeza de rancores antigos. Já não havia quartos para alugar, a não ser por umas poucas horas, obrigatoriamente na companhia de uma das raparigas – e não sem antes negociar o preço diretamente com a proprietária, na saleta secreta que agora servia de mostruário das ofertas femininas da casa. A morena, que entregou ao Furtado uma mala com o pouco que conseguiu salvar dos pertences dele, choramingou com o marinheiro – Mercedes sentia saudades dos tempos de Dona Amparo e dos chamegos do moço. Vivia agora uma vida de bolero, nebulosa e sofrida. Ofereceu-se para ser sua esposa, defendê-lo, cuidar dele, o diabo. Contou-lhe que Abigailzinha tirou-lhe qualquer vencimento. Mandou que continuasse a cozinhar e limpar em troca de cama e comida, ou que ganhasse a vida como as outras meninas, se quisesse continuar a viver naquela casa. Era moça honesta – assim a Mercedes tentou convencer o marinheiro a levá-la até o fim do mundo com ele. Pediu que Furtado não esquecesse os agrados que ela sempre lhe dera, sem que Dona Amparo soubesse – e girou os olhos verdes em ofertas lascivas. Mas ele não havia esquecido Mercedes, jamais. Pagou-lhe a ingratidão das acusações ao delegado com um sopapo na face ainda maltratada pela queimadura.

Não sei explicar o porquê, mas continuei visitando Socorro por esses anos todos. Cada vez menos, mas nunca deixei de ir até ela. Com o tempo, sua história tornou-se quase minha. Evitei passar na frente da antiga pensão, escondi de minha esposa o passado de estudante como pude, mas o sentimento por Socorro impede-me de abandonar a fila de visitantes de uma vez por todas.

Confesso que nunca fui muito hábil para compreender a alma feminina. Não entendia como Socorro aceitava tamanha privação por um homem que ela sabia ser falso, infiel e fraco. Ao tentar compreender, fui preenchendo a pouca memória daqueles dias com o que imaginava ter acontecido, e não penso que minhas mentiras sejam menos verdadeiras do que a história banal que, de fato, aconteceu naquela pensão de esquecidos. Por isso, tardei ainda algumas semanas para me dar conta dos motivos daquela mudança.

Maria do Socorro Oliveira, a moça cujas mãos ainda me emocionam, agora assina outro nome. E com amparo legal para isso: no dia de seu primeiro aniversário na prisão, feliz como nunca, mostrou-me a certidão e o anel a apertar-lhe o dedo franzino, enquanto olhava para um constrangido esposo vestido de marinheiro. Tem agora amigas que lhe ouvem suas histórias com atenção e respeito, invejando sua sorte no amor. Até as carcereiras tornaram-se suas protetoras e pedem-lhe histórias da pensão, que Socorro inventa com riqueza de mentiras. Falta-lhe pouco tempo, ela recorda sempre, e tal lembrança azeda o rosto ressequido do homem ao seu lado – mas ela não se importa. Sonha com os anos que virão depois dos banhos de sol e dos toques de recolher. Passa o dia a imaginar como será bom ter seu próprio ateliê de modista, ganhar um bom dinheiro como esposa honesta de um bom homem, sentir saudades doces com a partida do marido marinheiro enquanto o espera, amorosa e terna, vê-lo regressar do mar – que ela ainda não conhece. Sabe que seu Arlindo será sempre fiel diante da possibilidade de ir para a prisão com apenas duas palavras dela ao delegado. Ela está a contar os dias, falta pouco. Ansiosa pela liberdade, passa os dias a repetir o nome novo com orgulho indisfarçável – "a senhorita Oliveira é passado, o casamento transforma as mulheres", sussurrou-me feliz no domingo passado... E dorme tranquila imaginando o tempo em que sempre será dia de visita.

E é feliz assim – Socorro Furtado.

# Um breve posfácio

*A CADA SEMANA, VOCÊS ESCREVERÃO UM TEXTO DENtro dos desafios técnicos que eu proporei. A escrita é livre. Mas os que forem espertos, manterão a mesma personagem semana a semana, e ao final do semestre terão uma novela literária praticamente pronta.*

Era o ano de 2008 e eu estava ali, na primeira aula da Oficina de Criação Literária da PUCRS, sorvendo cada palavra do celebrado professor e escritor Luiz Antônio de Assis Brasil. E aquele conselho foi, para mim, um incentivo e um desafio: experimentar e escrever um texto mais longo, uma história construída em vários capítulos, permitindo um mergulho mais profundo na vida das personagens que, até então, eu não me sentia capaz de executar. Eu havia escrito apenas uns contos muito incipientes, hoje guardados em uma caixa de memórias; não tenho coragem de mostrá-los a ninguém...

Foi assim que surgiu *Socorro Furtado*. A primeira tarefa era escrevermos um texto que mostrasse *uma personagem abrindo uma janela*. E apareceu-me essa moça simples, lutando contra um basculante emperrado... Depois, novos desafios surgiram e fui descobrindo quem era essa costureira, tímida, quase não falava, sempre reclusa em seu quarto, oprimida diante da exuberância dos outros habitantes daquela casa de pensão lá na distante década de 1940. A história foi ganhando forma e uma primeira versão foi concluída ao final daquele semestre. Sem muito confiar na minha escrita, enviei o original para um prêmio literário e fui surpreendido com a terceira colocação na categoria. Mesmo assim, o texto ficou guardado, não me sentia seguro para publicá-lo; fiz uma pequena edição caseira e distribuí a uns poucos amigos, mas não tive retorno; agora, quinze anos depois, revisto e renovado, chega à publicação este meu primeiro romance graças à aposta da editora EntreCapas neste meu texto e em meu trabalho.

Este livro é um registro do começo de tudo. Espero que as experimentações da linguagem, fruto dos desafios lançados pelo mestre Assis Brasil, ajudem essa história a conquistar os corações. Há muitas Socorros pelo mundo, esperando um olhar solidário, com um rico universo interior escondido pela opressão do mundo.

Oxalá essa história encontre os leitores certos.

# Agradecimentos

Ao meu querido editor e amigo Sandro Bier, por acreditar em meu trabalho e tornar possível esta publicação;

Ao meu amigo escritor Lourenço Moura, por me incentivar a publicar este livro e sempre encontrar algum valor na minha escrita;

Aos queridos amigos e alunos que, ao longo dos anos, tiveram contato com esta história – ou partes dela, que eu usava de exemplo em nossas aulas – e mostraram-me o desejo de conhecer mais sobre essa história;

Ao meu grande mestre, professor Luiz Antonio de Assis Brasil, cujas orientações e incentivo fizeram este romance tomar forma e chegar agora às mãos dos leitores.

*Este livro foi impresso em papel Pólen 80 g/m²*
*e capa em papel Cartão 250g/m², com as fontes Minion Pro*
*e Americans Class.*

www.ingramcontent.com/pod-product-compliance
Ingram Content Group UK Ltd.
Pitfield, Milton Keynes, MK11 3LW, UK
UKHW040316300826
14791UKWH00003B/917

9 786599 165290